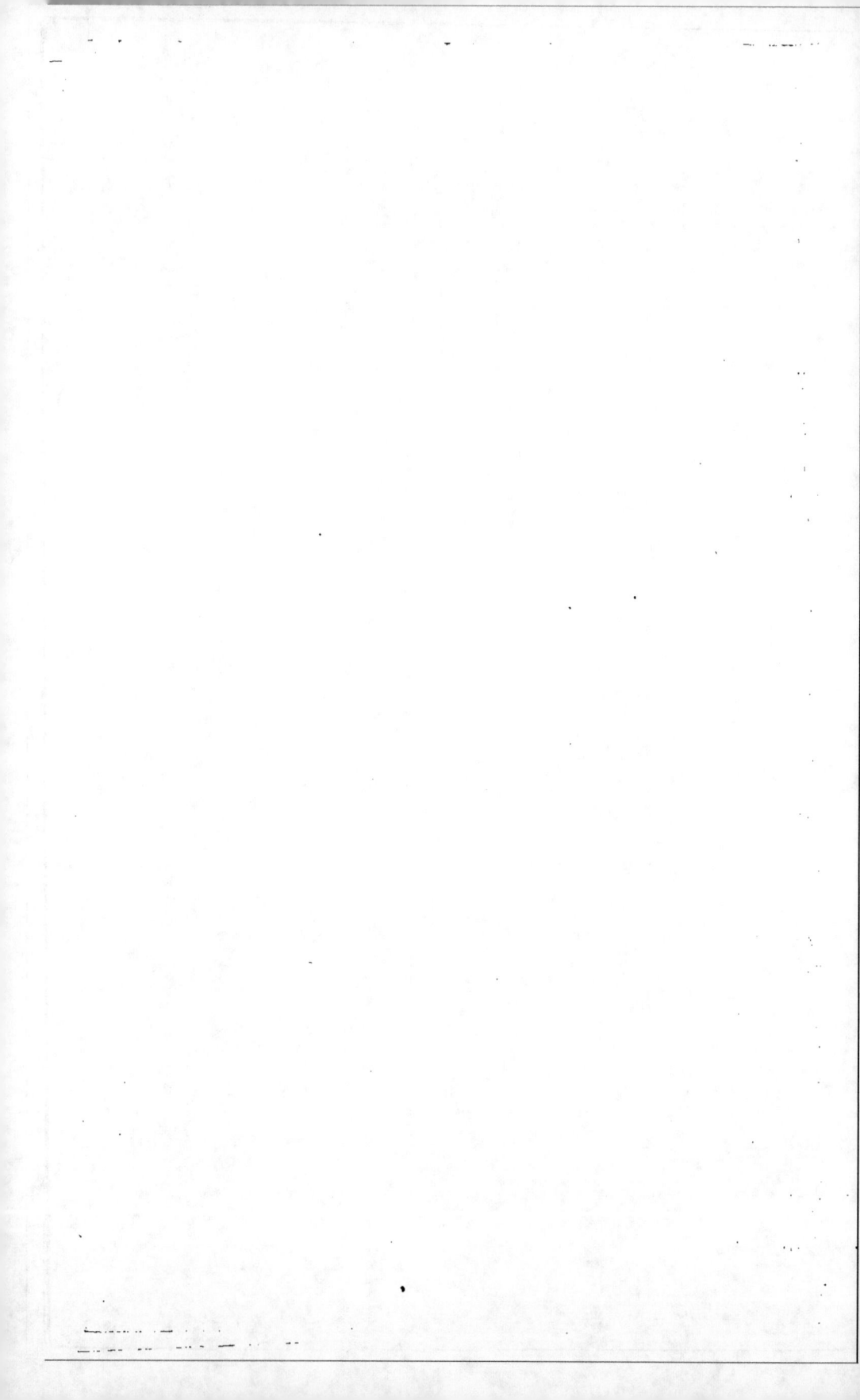

NOTICE BIOGRAPHIQUE

SUR

BENOIST MAUGUE

ÉCUYER

SEIGNEUR DE LA VILLE
ET VICOMTÉ D'ENNEZAT

DOCTEUR EN MÉDECINE

Conseiller-Secrétaire du Roi près le Conseil supérieur d'Alsace

INSPECTEUR GÉNÉRAL
DES HÔPITAUX ROYAUX DE CETTE PROVINCE

Chevalier de l'Ordre de Saint-Michel

(1657 — 1749)

CLERMONT-FERRAND

IMPRIMERIE CENTRALE — MALLEVAL

Avenue Centrale, 8

M D CCC LXXXIV

NOTICE BIOGRAPHIQUE

SUR

BENOIST MAUGUE

ÉCUYER

SEIGNEUR DE LA VILLE
ET VICOMTÉ D'ENNEZAT

DOCTEUR EN MÉDECINE

Conseiller-Secrétaire du Roi près le Conseil supérieur d'Alsace

INSPECTEUR GÉNÉRAL
DES HÔPITAUX ROYAUX DE CETTE PROVINCE

Chevalier de l'Ordre de Saint-Michel

(1657 — 1749)

CLERMONT-FERRAND

IMPRIMERIE CENTRALE — MALLEVAL

Avenue Centrale, 8

M D CCC LXXXIV

AU LECTEUR

UN certain nombre d'actes, de brevets et de lettres, pieusement conservés, depuis plus d'un siècle, par la famille de ma grand'mère maternelle, m'ont fourni les éléments de cette notice.

Je n'ai eu qu'à résumer ou à publier textuellement ces documents, suivant leur importance, et à les accompagner de quelques éclaircissements indispensables au point de vue historique.

Aussi bien, me semble-t-il utile de faire remarquer que, si parfois ce modeste travail a l'apparence d'un « éloge » plutôt que d'une biographie, mes appréciations sont scrupuleusement conformes au jugement porté sur Benoist Maugue d'Ennezat par ses contemporains.

Vte THÉOPHILE D'AURELLE.

Clermont-Ferrand, le 1er Mai 1884.

B. MAUGUE D'ENNEZAT

I

ENOIST MAUGUE naquit à Saint-Amant-Lacheyre (1) le 20 juillet 1657. Son acte de baptême porte qu'il était fils de Jean Maugue et de Françoise Guyot.

Après avoir fait ses études à Clermont, au collége des Jésuites, B. Maugue se rendit à Montpellier pour suivre les cours de médecine. Pendant son passage à l'Université de cette ville, il se lia particulièrement avec Chirac et Tournefort (2), deux méridionaux qui parvinrent bientôt à la célébrité.

En 1681 il obtint ses divers grades et rentra en Auvergne. Peu de temps après, il fut appelé à un emploi de médecin dans les armées royales.

---

(1) Actuellement Saint-Amant-Tallende, chef-lieu de canton du Puy-de-Dôme.

(2) Chirac né en 1650, mort en 1732. Fut premier médecin du Régent et de Louis XV.

Pitton de Tournefort né en 1656, mort en 1708. Savant botaniste.

Le jeune docteur se fit rapidement remarquer par son intelligence, son talent et son zèle.

En 1688, à la suite des services qu'il avait rendus, dans l'hôpital de Coulomb, aux troupes du premier maréchal de Broglie, il fut signalé « comme ayant guéry des maladies les plus opiniastrées, les plus dangereuses et qui paroissoient incurables (1). »

L'année suivante, il assista à la défense de Mayence, sous les ordres du maréchal d'Huxelles, et, en récompense de sa conduite pendant ce siége, il reçut de Louis XIV une pension de 400 livres.

Chargé ensuite de la direction des hôpitaux de Landau et de Strasbourg, Maugue fut nommé, en 1699, Archiatre (2) d'Alsace et, en 1705, Inspecteur général des hôpitaux du Roi dans cette province.

L'inspection des hôpitaux était alors la position la plus élevée que pût atteindre un médecin militaire. Elle avait, en outre, une importance particulière dans un pays où les garnisons étaient nombreuses et où les troupes opéraient de fréquents mouvements.

Maugue justifia pleinement la confiance dont il était l'objet. Sans négliger les fonctions d'Archiatre qui lui

---

(1) Certificat délivré à Coulomb, le 15 novembre 1688, par M. de la Coudraye, intendant des troupes campées sur la rivière d'Eure.

(2) Inspecteur de tous les médecins, chirurgiens et pharmaciens du pays. — Dans les tournées et visites qu'il faisait dans sa province, l'Archiatre était « obligé de donner gratis des ordonnances à ceux qui le consultoient sur leurs indispositions, mesmo d'en envoyer aussy gratis à ceux qui, éloignez des lieux où il estoit, lui en demandoient par lettres. » (Commission délivrée à Maugue par M. de Lafond, intendant d'Alsace).

avaient été conservées et qu'il exerçait avec autant d'autorité que de bienveillance, il consacra à l'inspection des hôpitaux une activité et un dévouement infatigables (1). Quant à sa valeur professionnelle, elle ne tarda pas à être mise en relief par la guérison de plusieurs personnages de distinction — le prince de Talmont, les maréchaux de Villars et d'Harcourt, entre autres (2).

---

(1) Le service sanitaire de l'armée obligeait parfois Maugue à traverser les lignes ennemies, ainsi qu'il résulte d'un passeport dont voici le texte traduit de l'allemand :

« Nous, Eugène François, prince de Savoie et de Piémont, Marquis de Saluces, chevalier de la Toison d'or, conseiller secret de l'Empire romain et de Sa Majesté des royaumes d'Espagne, Hongrie et Bohême, etc., président du conseil de guerre de la Cour, lieutenant-général, en outre Feld-Maréchal du Saint-Empire romain, colonel honoraire d'un régiment de dragons, capitaine général et gouverneur du Milanais et aussi commandant général dans l'empire romain, etc., etc.

« En conséquence, nous voulons bien accorder le présent passeport à M. Maugue, inspecteur français des hôpitaux, afin qu'il puisse circuler librement dans les pays de la Haute et Basse Alsace, dans le Palatinat électoral, la Lorraine et les Evêchés qui en dépendent, avec une escorte de sept à huit hommes à pied et à cheval, qui devront aussi renvoyer la copie collationnée du présent passeport dans leurs garnisons.

« En conséquence, par ces présentes, on adresse à chacun, suivant son état respectivement, l'invitation amicale, et la milice allemande et hongroise, officiers à pied et à cheval, reçoit la recommandation légale et l'ordre formel de laisser passer et repasser librement et sans obstacle M. Maugue précité avec deux domestiques attachés à sa personne et une voiture chargée de ses bagages.

« En tout ce qui s'opposerait à l'exécution des présentes dispositions, les autorités précitées auront à accomplir leur devoir. Signatum Stuttgard, 25 février 1714.

« Eugenio von Savoie.

« Ad Mandatum Serenissimi Domini Principis. »

(Signat. illis.).

(2) Lettres de remercîments adressées à Maugue par le prince de Talmont (1708), le duc de Villars (même année), le duc d'Harcourt et la duchesse d'Harcourt, née de Genlis (1710).

Depuis longtemps, du reste, les meilleurs médecins regardaient Maugue comme un praticien des plus instruits et des plus habiles. Dès 1688, Adrien Helvétius et Silva s'étaient adressés à lui pour expérimenter leur découvertes. En 1701, Dodart, premier médecin du Roi, lui écrivait, à propos d'une récente maladie de Louis XIV : « Si vous aviez esté icy à portée de réunir vostre avis aux nostres, vous pouvez estre persuadé que je ne vous aurois point oublié. »

Il convient de rapprocher de ces témoignages flatteurs la lettre suivante que Chirac, devenu médecin du Régent, adressa à Maugue en 1718 :

« Monsieur,

« Je suis très-sensible à l'honneur de votre souvenir et très-persuadé que vous avés eu quelque plaisir lorsque vous avés appris que S. A. R. (1) m'avoit donné l'intendance du jardin royal de Paris. J'ay mérité cette attention de votre part par l'estime et la considération particulière que j'ay toujours conservés pour vous depuis notre connoissance de jeunesse, et plus encore par les mouvemens que je me suis donné pour vous porter à la première place. Si des considérations politiques n'avoient empesché S. A. R. de décider sur le choix et de se le rendre propre, certainement vous aviés la meilleure part à la collation de ce grand employ, mais les brigues de cour rompent toutes les mesures, principalement lorsque les princesses y entrent.

---

(1) Le duc d'Orléans, Régent du royaume.

« N'avés-vous achepté une maison à Paris que pour la louer et point pour l'habiter. Ne vaudroit-il pas mieux pour vous de vieillir à Paris dans une ville de commerce et de mouvement qu'à Strasbourg. Vous y trouveriés des amis et toute la considération que vous mérités. Je suis après à établir une académie royale de médecine pratique pour faire mettre à de nouvelles épreuves plus exactes tous les remèdes que nous avons et je vous y verois avec plaisir remplir une place d'académicien consultant et je ferois un grand fond dans l'exécution de ce projet de vos sages avis. Malheureusement on ne démare pas aisément d'un pays où l'on a passé une grande partie de sa vie. Il faut se contenter de vous souhaiter et de vous asseurer qu'on ne peut estre plus parfaitement que je suis,

« Monsieur,

« Votre très-humble et très-obéissant serviteur.

« CHIRAC.

‹ A Paris, ce 1ᵉʳ may 1718. ›

Maugue, ainsi que le constatait Chirac, était profondément attaché à l'Alsace. Il ne songeait à employer, pour obtenir une place à Paris ou à la Cour, ni la protection des maréchaux et des généraux sous lesquels il avait servi, ni l'influence du cardinal de Rohan et du contrôleur général des finances de la Houssaye qu'il avait connus à Strasbourg (1). Les rares loisirs

(1) Armand-Gaston de Rohan, coadjuteur en 1701 et titulaire en 1704 de l'évêché de Strasbourg, cardinal en 1712, grand aumônier de France en 1713, fit partie de l'Académie française et du Conseil de régence.

Félix le Pelletier de la Houssaye avait été, pendant près de vingt ans, intendant d'Alsace.

que lui laissait son service, il les consacrait à des travaux de médecine et de botanique. De loin en loin, il
prenait un congé, pour se rendre à Paris ou en Auvergne.

En 1720, quand la peste vint s'abattre sur Marseille,
Maugue, à l'exemple de plusieurs de ses confrères,
rédigea un mémoire sur les causes du fléau et sur les
moyens de le combattre ; mais, contrairement à l'avis
de Chirac, il soutint que la peste était contagieuse.
Le médecin du Régent fut très-froissé de voir son
opinion attaquée de la sorte ; il se vengea en faisant
désapprouver le mémoire contagioniste par l'Académie de médecine et en soulevant des difficultés pour
l'impression d'une Histoire naturelle d'Alsace que
Maugue se proposait de publier (1). Néanmoins, la
même année, celui-ci vit sa pension s'accroître de
1,200 livres, en récompense du « désintéressement »
avec lequel il exerçait sa profession.

---

(1) Lettre adressée à Maugue par M. de Woolhouze, médecin de
l'hôpital des Quinze-Vingts.

II

UNE nouvelle et plus sérieuse marque de considération était réservée à l'Inspecteur des hôpitaux royaux d'Alsace.

Dans les premiers jours de mai 1725, un courrier du duc de Bourbon, premier ministre, apporta à Maugue l'intéressante lettre que voici (1) :

« A Versailles, le 7 may 1725.

« Votre réputation, votre capacité et votre probité me sont connuës, Monsieur, et persuadé de votre discrétion, je crois qu'il n'y a pas d'inconvénient de vous écrire sur une matière très-intéressante.

« Je voudrois sçavoir si vous n'avez point été consulté sur la santé de la Princesse fille du Roy Stanislas et, en cas que vous l'ayez été, de quelle nature étoit sa maladie, quelles en étoient les circonstances et quelle suite elle a euë. Vous me ferez plaisir de m'informer de toutes ces choses et même en cas que vous n'ayez

---

(1) Il y avait environ un mois que la jeune infante fiancée à Louis XV avait brusquement quitté la cour de France. Le duc de Bourbon, depuis ce départ qu'il avait lui-même préparé, cherchait une princesse en âge de donner un héritier au trône. Ce fut la marquise de Prie, maîtresse du premier ministre, qui découvrit la fille du roi de Pologne (Voir *Journal de Barbier* et *Siècle de Louis XV* de Voltaire.)

point été consulté là-dessus, de me mander ce que vous pous pouvez en avoir apris. Je vous recommande surtout de me donner avec franchise tous les éclaircissemens que vous pourrez me donner, et de croire que tels qu'ils puissent être, ils ne vous porteront aucun préjudice, d'autant que je n'en feray part à personne, connoissant les devoirs et les engagemens de votre profession, en sorte que, sans les blesser, vous rendrez service à l'Etat et confirmerez l'estime que j'ay pour vous.

« L. H. DE BOURBON.

« Que votre réponse soit en double enveloppe avec ces mots *Pour vous seul* sur la seconde, au moyen de quoy il n'y aura que moi qui la verray.

« L. H. B. »

A cette lettre étaient jointes de minutieuses instructions rédigées par Paris du Verney et qui se terminaient par ces recommandations :

« ... Vous ferez un vray plaisir à S. A. S., Monsieur, et il est de votre devoir de luy marquer franchement tout ce qui est venu à votre connoissance, et de luy en faire un ample détail, aussitôt après que vous aurez reçu sa lettre.

« Il sera ensuite nécessaire que vous alliez sans perdre de temps à Veissembourg où vous vous adresserez à M. de Vauchoux, lieutenant-colonel du régiment Royal-Roussillon cavalerie, et que vous concertiez avec luy les moyens de vous éclairer par vous-même de tout ce qui regarde la santé de la Princesse.

« Si vos observations et perquisitions vous donnent une preuve complette de la fausseté des bruits qui se répandent, il suffira que vous en envoyiez votre certificat à S. A. S. par un courrier que M. de Vauchoux dépêchera. Mais si la Princesse dans son bas âge a eu quelques infirmités, ou si elle est quelquefois sujette à des vapeurs ou à des foiblesses, qui sont des incommodités de femmes qui ne tirent point à conséquence, mais auxquelles on peut néantmoins donner des interprétations malignes, enfin si dans ce que vous aurez apris ou observé il y a des choses équivoques et susceptibles de différentes tournures, il faudra d'abord que vous le mandiez à Mgr le Duc par un exprès que M. de Vauchoux fera partir, et que vous veniez dans votre chaise de poste à la Cour, pour en rendre compte vous-même à S. A. S. qui vous fera payer les frais de votre voyage. C'est par son ordre, Monsieur, que je vous marque toutes ces circonstances depuis sa lettre écrite.

« J'ay l'honneur d'être très-parfaitement, Monsieur, votre très-humble et très-obéissant serviteur.

« Paris Duverney. »

Maugue répondit immédiatement au duc de Bourbon (1) :

« Monseigneur,

« J'ay reçu la lettre dont V. A. S. m'a honoré. J'aurois différé d'y répondre jusqu'après mon voyage

---

(1) Maugue a eu le soin, en cette circonstance, de joindre aux lettres qu'il avait reçues le brouillon de ses réponses.

à Weissembourg, mais il m'a paru par la lettre de M. Paris que V. A. S. souhaitoit que dès à présent j'eusse l'honneur de lui mander ce qui pouvoit être venu à ma connoissance sur la santé de la princesse Stanislas.

« Je puis assurer V. A. S. que, quoique Sa Majesté m'ait fait l'honneur de m'accorder sa confiance en me consultant plusieurs fois ou en me faisant consulter par son médecin sur les indispositions de la princesse sa mère et sur d'autres dames de la Cour, jamais il ne m'a rien été communiqué au sujet de la princesse sa fille, ce qui me fait croire que, si elle a eu quelques indispositions, elles ont été si légères qu'elles n'ont pas mérité d'autre secours que ceux du médecin ordinaire.

« Il ne m'est pas revenu non plus d'aucun endroit que la princesse fut sujette à aucune maladie et elle m'a semblé, toutes les fois que j'ay eu l'honneur de la voir, jouir d'une bonne santé.

« Si j'en sçavois davantage ou si j'en aprends dans le voïage que je vais faire à Weissembourg, j'auray l'honneur de m'expliquer sans aucun déguisement à V. A. S., avec le respect que je lui dois et sans oublier les devoirs de ma profession qui dans ce cas ne m'engagent à aucun secret.

« J'ay l'honneur d'estre,
« Monseigneur,
« Votre très-humble et très-obéissant serviteur.
« MAUGUE.

« A Strasbourg, ce 10 may 1725. »

Puis, prétextant une visite à l'hôpital de Landau, il prit la route de Wissembourg (1) et s'arrêta dans cette dernière ville où il lui fut facile, sans éveiller le moindre soupçon, de pénétrer à la Cour du roi de Pologne.

Ce qu'il vit, comme ce qu'il entendit, confirma son opinion sur la santé de la princesse Marie Leczinska. Il se hâta donc de rendre compte au premier ministre du résultat de son voyage.

La lettre et le certificat qu'il expédia en cette circonstance sont datés de Wissembourg, le 12 mai.

Voici quelques passages du premier de ces documents :

« .... A l'égard de la maladie dont on a voulu dire que le Roy ou la Princesse était attaqué, cela me paroit, Monseigneur, être sans fondement, ces maux ne pouvant se cacher lorsqu'on se livre au public autant que le font le Roy et la Princesse. Les attaques prennent si inopinément que ceux mesme qui en ont essuié plùsieurs ne sauroient que rarement les prévoir et sont souvent surpris lorsqu'ils y pensent le moins. Outre que ces sortes d'attaque laissent dans les yeux et dans le visage des impressions de désordre des esprits qui ne s'effacent pas dans le moment et qui se marquent par quelque espèce d'égarement dans les yeux. On sçoit cependant, Monseigneur, que le Roy

---

(1) Wissembourg, dont le nom est devenu tristement célèbre depuis la guerre de 1870, est situé à une quinzaine de lieues au N.-E. de Strasbourg. Les allemands écrivent ce nom : Weissenburg, ce qui justifie l'ortographe employée au siècle dernier.

est des huit heures à cheval et à la chasse pendant les ardeurs du soleil. Personne n'ignore que la dévotion de la Princesse l'expose aux yeux du public dans les églises pendant plusieurs heures de suite, qu'au sortir de l'église la Princesse ne se dérobe pas à la compagnie, à quoy probablement la crainte d'estre surprise ne lui permettroit pas de se hazarder. Mais nous venons de découvrir ce qui peut avoir donné lieu à ce mauvais discours. Une femme de la princesse mère du Roy est attaquée de cette maladie. Un père aumônier s'est adressé à nombre de personnes pour demander quelque remède qui pût soulager une femme de la Cour, sans la nommer, attaquée de ce cruel mal. Là-dessus on a pu interpréter sinistrement la charité du père aumônier....

« .... Je souhaiterois, Monseigneur, avoir plus de connoissance que je n'ay de cette Cour et la voir un peu plus hantée pour pouvoir parler plus affirmativement. Si j'avois pu apprendre d'autres particularités je les déclarerois avec la même franchise et sincérité...»

Dès que ces renseignements lui furent parvenus, le duc de Bourbon fit adresser à Maugue la lettre suivante :

« A Versailles, le 16 may 1725.

« Mgr le Duc est très-satisfait, Monsieur, de l'exécution des ordres qu'il vous avoit adressés et S. A. S. m'a chargé de vous le témoigner. Je suis fort aise que cela vous ait procuré l'occasion d'en être connu, et à moy celle de luy parler de vous conformément à la justice qui vous est due. C'est se faire honneur à soy même que d'ajouter sa voix au suffrage public sur une personne de votre mérite et de votre probité. Je me feray toujours bien du plaisir de vous donner des marques de l'estime véritable et singulière avec laquelle J'ay l'honneur d'être, Monsieur, Votre très-humble et très-obéissant serviteur.

« Paris Duverney. »

Trois mois plus tard, Marie Leczinska était couronnée reine de France, dans la cathédrale de Strasbourg, et, en souvenir de cette cérémonie, le duc d'Orléans (1) remettait à Maugue, au nom de Louis XV, un magnifique service de vaisselle plate.

(1) Louis XV ne vint pas à Strasbourg ; ce fut le duc d'Orléans, fils du Régent, qui représenta par procuration le roi de France. — (Voir *Barbier*, août 1725).

III

BIEN loin de prétendre à une position à la Cour, le vieil Inspecteur ne voulut profiter de l'importante mission qu'il venait de remplir que pour conserver ses fonctions en Alsace. Comme il craignait que son âge ne l'obligeât à prendre bientôt sa retraite, il demanda et obtint qu'un de ses neveux, le docteur Pierre Massis, qui déjà était médecin de l'hôpital royal de Strasbourg, fût d'abord breveté « pour, séparément et conjoinctement avec luy, avoir l'Inspection générale dans la Haute et la Basse Alsace et en jouir aux droits et prérogatives attribuez à cet employ, » puis que ce même Massis fût désigné « pour luy succéder dans son Inspection, en cas de déceds, à condition qu'après la mort du sieur Maugue, les apointemens de 3,600 livres seroient réduits à 2,400 livres en la personne du dit sieur Massis (1). »

Maugue avait mal jugé de ses forces, car, pendant longtemps encore, elles lui permirent de continuer son service et de n'attribuer à Massis que le rôle d'auxiliaire.

Cependant, près de deux années s'étaient écoulées depuis le mariage de Louis XV et la France commen-

---

(1) Brevets royaux en date des 11 février 1726 et 23 déc. 1727.

çait à désespérer de voir naître un héritier de la couronne. Grande, on le comprend, était l'anxiété du médecin dont les prévisions se trouvaient ainsi démenties; aussi, non moins grande fut la joie du même médecin quand le bruit se répandit que la Reine allait devenir mère.

Cette joie, Maugue s'empressa d'en faire part au Roi Stanislas qui lui répondit en ces termes :

« Monsieur, ma satisfaction sur un si heureux événement que celuy de la grossesse de la Reyne ne seroit pas si parfaite si, en la trouvant au fonds de mon cœur, je ne la cherchois encore dans celuy que je me cognois aussy attaché que le vostre. Vous jugerez par là du plaisir que me donnent vostre lettre et la part que vous prenez à l'heureuse situation de vostre bonne maîtresse à laquelle je prends soings, je vous assure, de ne point faire oublier votre attachement de tout temps. Son estat d'aprésent luy doit faire resouvenir qu'il justifie le bon témoignage que vous en avez donné quand nos ennemis vouloient détruire l'ouvrage de Dieu. Soyez, je vous prie, persuadé que je désire avec tout l'empressement possible vous convaincre avec combien d'estime Je suis vostre très-affectionné.

« Stanislas Roy.

« Le 15 de juin 1727. »

Le 14 août, la Reine donna le jour à deux filles. L'année suivante, le 28 juillet, eut lieu la naissance d'une troisième princesse, et cet événement fournit à l'Inspecteur des hôpitaux d'Alsace une occasion bien inattendue de gagner de nouveaux titres à l'estime de la famille royale.

En effet, dans les premiers jours de septembre, au cours d'un voyage motivé par la récente élévation de son ami d'Angervilliers (1) au ministère de la guerre, Maugue fut mandé à Versailles auprès de la Reine qui, depuis ses couches, était atteinte d'une fièvre opiniâtre. L'expérience et la science du vieux docteur eurent bientôt raison de la maladie (2) ; mais celui-ci, échappant aux félicitations de la Cour, se hâta de regagner Strasbourg.

Ce fut dans cette ville que vint l'atteindre la reconnaissance du Roi : par lettres patentes du 10 septembre 1729, il fut nommé Chevalier de St-Michel (3).

---

(1) Bauyn d'Angervilliers, intendant de Paris, qui, en 1728, remplaça Le Blanc au Secrétariat d'Etat de la guerre, avait été, pendant plusieurs années, intendant d'Alsace. « C'est une assez bonne famille de robe — dit Barbier en enregistrant sa nomination au ministère — et, quant à lui, il y a longtemps que j'ai entendu dire qu'il était presque le seul capable de remplir cette place. »

(2) Le fait de cette guérison est relaté dans plusieurs lettres adressées à Maugue, pendant son séjour à la Cour, par le maréchal du Bourg, commandant en chef en Alsace, et dans une autre lettre adressée au même, après son retour à Strasbourg, par Jean Helvétius, premier médecin de la Reine. Ce dernier, fils d'Adrien Helvétius et père du philosophe bien connu, avait une grande affection pour Maugue avec lequel il entretenait une correspondance suivie.

(3) L'ordre royal de Saint-Michel, fondé par Louis XI, devint, sous Louis XIV, une récompense réservée aux savants et aux littérateurs. Il ne comptait que cent membres et ceux-ci, avant leur admission, étaient tenus de produire des titres de noblesse. La décoration, qui se portait en écharpe, à l'aide d'un ruban moiré noir, consistait en une croix d'émail blanc et vert, cloisonnée d'or ; chaque angle était orné d'une

Avant d'être admis dans l'ordre, Maugue dut faire
ses preuves devant le duc d'Estrées, maréchal et vice-
amiral de France. Il présenta, comme titres de noblesse, les provisions d'un office de Conseiller secré-
taire du Roi Maison Couronne de France, Contrôleur en
la Chancellerie près le Conseil supérieur d'Alsace (1),
office auquel il avait été nommé, le 20 mars 1729,
par le Garde des Sceaux Chauvelin, et pour lequel il
avait prêté serment entre les mains de M. de la Grand-
ville, intendant d'Auvergne.

Le 25 avril de la même année, le maréchal du
Bourg (2), commandant en chef en Alsace, procéda à
la réception du nouveau chevalier.

Les honneurs ne changèrent rien aux goûts et aux
habitudes de Maugue. La présence de d'Angervilliers
au ministère de la guerre facilitait, d'ailleurs, d'une
façon heureuse, son service d'Inspecteur. Entre le ministre et le subordonné s'échangeait une correspondance des plus actives, — correspondance revêtant

fleur de lis de même métal et, au centre, un émail de diverses cou-
leurs représentait saint Michel terrassant le Dragon. Aboli en 1791,
l'ordre de Saint-Michel fut rétabli par la Restauration et supprimé de
nouveau en 1830.

(1) Le conseil supérieur établi à Colmar, en 1679, tenait lieu de
parlement dans la province d'Alsace. — Détail à noter : divers actes
notariés, qui accompagnent la nomination de Maugue, comme Conseiller-secrétaire du Roi, sont rédigés sur papier libre, « attendu,
disent-ils, que le timbre n'est pas en usage dans cette province. »

(2) Léonore du Mayne, comte du Bourg, un des meilleurs lieute-
nants de Villars ; battit les Impériaux à Rumersheim en 1709 et reçut,
pour ce fait, le collier des ordres du Roi ; fut nommé maréchal de
France en 1724 et, peu de temps après, commandant en chef en
Alsace.

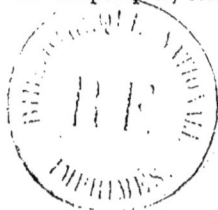

2

parfois un caractère intime, mais dénotant des deux côtés un zèle et une vigilance vraiment admirables (1).

Il était un point cependant sur lequel les deux amis n'étaient pas d'accord. D'Angervilliers souhaitait que Maugue vînt le rejoindre à la Cour et celui-ci ne demandait qu'à rester dans sa province. Aussi, lorsque, en 1730, par le seul fait de sa réputation, il se trouva en concurrence avec Chirac et J. Helvétius pour la place de premier médecin du Roi, l'Inspecteur des hôpitaux d'Alsace refusa-t-il de faire les démarches qui auraient pu lui assurer le succès. Chirac fut nommé et, à cette occasion, J. Helvétius adressa à Maugue la lettre suivante (2) :

---

(1) La correspondance de d'Angervilliers avec Maugue est fort intéressante. Elle a trait non seulement aux questions de service (aménagement des hôpitaux, situation du personnel médical, emploi des « sœurs grises » comme infirmières, hygiène des troupes, etc.), mais encore aux évènements du temps. Quant à son caractère intime, on peut s'en faire une idée par ce billet que d'Angervilliers, nommé ministre, envoyait à Maugue, en réponse aux félicitations de ce dernier :

« Allez vous promener avec votre Monseigneur et votre Grandeur. L'hommage des cœurs est ce qui plaît d'avantage.

« Je vous enjoins de ne point prendre d'autre chemin pour l'Auvergne que celuy de Paris : mandez-moi dans quel temps vous croiez partir.

« Je vous embrasse de tout mon cœur.   « D'ANGERVILLIERS. »

(2) Chirac avait alors 80 ans, Maugue 73 et J. Helvétius 45 seulement. — Chirac mourut deux ans après avoir obtenu l'emploi de premier médecin du Roi et fut remplacé par son gendre, Chicoyneau. A propos de cette dernière nomination, le parisien Barbier fait les réflexions que voici : « M. Chicoyneau est de la Faculté de Montpellier: c'est une injure faite à la Faculté de Paris où il y a de très-habiles gens. Le poste est très-considérable et par le crédit et par le revenu qui est de plus de soixante mille livres de rente. »

« Monsieur, Vous aurez appris que le Roy a nommé M. Chirac son premier médecin.

« L'amitié que vous me témoignez me console beaucoup et je vous assure que je fus charmé d'entendre dire à Marly que l'on songeoit à vous ; n'ayant pas la place, j'aurois esté très-content de vous y voir. Les Universitez et tous les honnêtes gens auroient esté trop heureux. Conservez-moi toujours la même amitié et soyez persuadé que personne dans le monde n'est avec plus d'estime et de considération, Monsieur,

« Votre très-humble et très-obéissant serviteur,

« J. HELVÉTIUS.

« A Versailles, le 11 décembre 1730. »

A quelques jours de là, répondant aux compliments de nouvelle année que Maugue lui avait fait parvenir, d'Angervilliers s'exprimait ainsi : « Il a été bien question de vous il y a quelque temps et les bruits n'étoient pas sans fondement. Je souhaitois peut-être plus que vous votre élévation. »

Dans les mêmes circonstances, la maréchale de Broglie (1) écrivait à l'Inspecteur des hôpitaux d'Alsace :

« A Paris, ce 2 janvier 1731.

« Je reçois toujours, Monsieur, avec bien du plaisir les lettres que vous prenés la peine de m'écrire, quoy qu'yl m'en coute une année de ma vie qui m'est plus chère qu'à une autre à mon âge.

---

(1) Marie de Lamoignon, veuve du premier maréchal de Broglie.

« L'on a depuis peu beaucoup parlé icy de vous et d'une manière aussi distinguée que vous le méritès. Tout le monde vous donnoit une place que, vous connoissant comme je vous connois, vous auriés sans doute refusée. Vous avés raison de préférer votre repos et votre liberté à tout le reste. Je crains bien que la crainte que vous avez d'être retenu icy vous empêche d'y venir, comme elle vous a obligé de partir avec la précipitation que vous avez faite dans votre dernier voyage (1). Cela m'ote l'espérance d'avoir le plaisir de vous voir encore une fois avant que de mourir. Donnés-moi donc, je vous prie, plus souvent de vos nouvelles, je les reçois toujours avec beaucoup de joye, soyés persuadé que notre éloignement ne diminue rien de l'estime, de la reconnoissance et de l'amitié que j'ay pour vous et que je conserveray toute ma vie ; et que je prie Dieu de tout mon cœur de vous donner toutes les grâces dont vous avés besoin pour faire votre salut qui est le solide. Ce monde-cy passe bien vite, il faut songer à se rendre heureux pour l'Eternité.

. . . .

« Croyés-moy, Monsieur, plus parfaitement que je ne vous puis dire, entièrement à vous.

« La Maréchale de Broglie. »

Ce désintéressement, auquel d'Angervilliers et la maréchale de Broglie rendaient hommage, était

---

(1) Allusion au brusque retour de Maugue en Alsace, après la guérison de la Reine (1728).

conforme aux projets que le docteur avait arrêtés, de longue date, en vue de sa vieillesse.

En effet, malgré la facilité qu'il avait de conserver indéfiniment les avantages de sa place, malgré la société de son neveu Massis et de deux de ses petits-neveux, le docteur et l'abbé Duvernin, qui étaient venus habiter Strasbourg, Maugue était bien décidé à se retirer en Auvergne, lorsque sa santé le condamnerait au repos. Resté célibataire, il voulait finir ses jours dans son pays natal, au milieu de la postérité de ses sœurs.

Dans cette pensée, il avait acheté, en 1719, aux portes de Clermont, la terre de la Combaude (1) et, en 1727, la seigneurie d'Ennezat (2), près de Riom. Plus récemment, il était devenu propriétaire d'une maison à Clermont même (3).

---

(1) La Combaude, située à 4 k. de Clermont, sur la route de Montferrand à Gerzat, fut vendue par Jean Dauphin, chevalier, seigneur de Montrodet et autres lieux. Cette propriété forme aujourd'hui deux fermes qui appartiennent aux descendants d'un des héritiers de Maugue.

(2) La terre, seigneurie et vicomté d'Ennezat et Entraigues avait été achetée par Law au comte d'Evreux, en même temps que le marquisat d'Effiat. Les commissaires généraux députés par le Roi pour régler en dernier ressort les affaires de Law l'adjugèrent à Maugue, le 4 septembre 1727, moyennant la somme de 56,000 livres. Après la Révolution, les droits seigneuriaux qui en constituaient le principal revenu ayant été supprimés, elle fut morcelée et vendue à des habitants du pays. La maison seigneuriale, située au milieu de la petite ville d'Ennezat (chef-lieu de canton de l'arrondissement de Riom), porte un écusson sur lequel, malgré de nombreuses mutilations, on distingue les armoiries de Maugue.

(3) L'hôtel d'Ennezat est actuellement occupé par le restaurant du « Gastronome », rue Royale.

Quoiqu'il en fût, il passa encore plusieurs années en Alsace, s'occupant personnellement de tous les détails de l'Inspection et donnant ses soins aux gens de qualité qui se trouvaient en résidence ou de passage dans cette province. Ce fut ainsi qu'il guérit de graves maladies le maréchal du Bourg, l'abbé de Rohan, le duc de Vaujours et un fils du duc de la Vallière (1).

Dans le même temps, plusieurs hauts dignitaires de l'Eglise et de l'Etat, le cardinal de Rohan, le maréchal de Villars, le ministre Chauvelin, lui écrivaient, en termes très-amicaux, pour le consulter sur leur santé.

D'ailleurs, Maugue entretenait, avec la plupart des grands personnages de l'époque, des relations motivées, soit par des devoirs de courtoisie, soit par un sentiment d'estime réciproque.

Sans parler du roi Stanislas, de d'Angervilliers, de Jean Helvétius, ni de quelques autres dont les noms ont déjà été cités, il correspondait avec le cardinal de Fleury, premier ministre, Massillon, évêque de Clermont(2),

---

(1) Lettres de remercîments (1730-1733). — L'abbé de Rohan, neveu du cardinal grand-aumônier de France, remplaça son oncle comme évêque de Strasbourg

(2) Voici le texte d'une des lettres adressées à Maugue par le célèbre prélat :

« Les marques de souvenir, Monsieur, d'un homme comme vous, sont toujours trez-flatteuses. Recevez-en, je vous supplie, mes très-humbles remercimens en ce nouvel an. S'il ne faut que vous honorer beaucoup et connoitre tout ce que vous valez pour en mériter la continuation, comptez que j'y ay un droit acquis et que personne ne vous respecte plus sincèrement que moi. J'ay l'honneur d'estre, Monsieur, vostre très-humble et très-obéissant serviteur.

« † J.-B., évêque de Clermont.

« Ce 5 janvier. »

le cardinal d'Auvergne, archevêque de Vienne, le second maréchal de Broglie, Mme de Rupelmonde, née d'Alègre, première dame d'honneur de la Reine, Chicoyneau, le nouveau titulaire de l'emploi de premier médecin du Roi, etc.

Quant aux troupes dont le service sanitaire lui était confié, il leur donna une dernière preuve de son dévouement pendant l'épidémie qui éclata, en Alsace, vers le commencement de 1733. Voici, à ce sujet, quelques extraits des lettres du ministre d'Angervilliers :

« Marly, le 20 janvier 1733.

« J'ay reçu, Monsieur, les lettres que vous avez pris la peine de m'écrire le 12 et le 14 de ce mois. Le détail que vous me faites de la maladie qui règne à Strasbourg et dans les autres places d'Alsace est affligeant, et j'ay bien de l'impatience d'aprendre si la gelée que vous me marquez survenue vers le 12 aura aporté quelque changement favorable comme vous l'espérez. Il est bien douloureux que les soldats rendent leurs maladies mortelles par la fureur dont on ne peut les détacher de boire de l'eau-de-vie......

« Je n'ay nulle peine à croire que vous et que votre neveu devez être excédés de travail, mais dans une semblable conjoncture vous ne deviez pas balancer à prendre un et même deux médecins, et des meilleurs, quoy qu'il en puisse coûter, pour vous soulager, et il n'y a pas à douter que le Roy les fera bien payer....»

« Marly, le 28 janvier 1733.

« Les lettres que vous avez pris la peine de m'écrire, Monsieur, les 17, 19 et 22 de ce mois n'ont pas peu calmé mon inquiétude sur la maladie qui règne dans les garnisons d'Alsace.

« Celle du 22 surtout m'en fait espérer bientôt l'entière cessation, et que vous n'aurez plus, comme vous le désirez avec grande raison, que de bonnes nouvelles à m'apprendre....

« Je suis fâché que le S. Massis, votre neveu, soit à la fin tombé malade, je sens bien que c'est l'effet du travail excessif.....

« Il me reste à vous louer, comme vous le méritez, et à vous remercier de vos attentions et des soins extraordinaires que vous donnez dans une conjoncture qui n'en demande pas moins, mais cependant je vous exhorte de ménager votre santé et de ne rien épargner pour avoir quelqu'un sur qui vous puissiez vous reposer au moins de ce qu'il y a de plus pénible...... »

« Marly, le 7 février 1733.

« J'ai reçu, Monsieur, les lettres que vous avez pris la peine de m'écrire le 26 et le 31 du mois dernier qui ne me laissent presque plus lieu de douter de la fin des maladies en Alsace...... Je m'en réjouis aussi par rapport à vous, parceque connaissant bien votre zèle, je ne puis douter qu'en semblable occasion, vous vous livrez tout entier au service, et au-delà de vos forces...

« Marly, le 12 février 1733.

« ... Votre lettre du 5 de ce mois, de même que celle que j'ay en même temps reçue de M. le Maréchal du Bourg, me tranquillise entièrement. Je vous avoue que je n'espérois pas que nous serions sitost quittes de l'embarras de maladies en Alsace, je say que chacun y a beaucoup mis du sien, et particulièrement vous pour en arrêter les suites. Je ne pourrois que répéter ce que je vous en ay marqué par mes précédentes....

« D'Angervilliers. »

Bien qu'accablé par les fatigues qu'il s'était si courageusement imposées, Maugue resta en fonctions jusqu'au printemps de l'année suivante. A cette époque il partit pour l'Auvergne, sous prétexte de congé ; mais, à peine arrivé dans sa famille, il annonça au maréchal commandant en chef en Alsace et à l'intendant de cette province qu'il prenait sa retraite et qu'il ne reviendrait pas à Strasbourg.

Cette décision provoqua de sincères regrets dont on trouve l'expression dans les réponses que reçut le vieux docteur. Voici d'abord une lettre de l'intendant Feydeau de Brou :

« C'est avec grand regret, Monsieur, que j'apprends par vous la résolution que vous avez prise de vous retirer. Le public et la ville de Strasbourg y perdront beaucoup, et, en mon particulier, je seray fort fasché de vous en voir éloigner. Vous avés rendu assés de services essensiels pour que vous en receviés des marques de la satisfaction que le Roy en a, et l'on ne peut qu'approuver la continuation que l'on vous donne de vos apointemens d'Inspecteur des hôpitaux.

« N'oubliés pas, Monsieur, une province dans laquelle vous êtes honoré et chéry, et soyez persuadé que je suis du nombre de ceux qui vous honorent et estiment comme vous le mérités.

« J'ai l'honneur d'estre très-parfaitement, Monsieur, vostre très-humble et très-obéissant serviteur.

                                        « DE BROU.

« Au camp devant Philisbourg, ce 4 juin 1734. »

Quant au maréchal du Bourg, il exprima ainsi le chagrin qu'il éprouvait :

                          « A Strasbourg, ce 4 juillet 1734.

« C'est avec bien de la douleur, Monsieur, que j'ay reçu la lettre par laquelle vous m'avez annoncé vostre éloignement. J'y ai esté très-sensible et je ne puis vous savoir mauvais gré de ne me l'avoir pas dit, vous m'avez évité une peine dont j'aurois esté infiniment touché. Diminuez celle que nous en ressentons, la Mareschalle et moy, en nous donnant de vos nouvelles qui nous seront très-chères. Soyez assuré de la sincérité de nostre amitié pour vous, nous comptons sur la vostre et nous la méritons par les sentiments tendres avec lesquels nous vous sommes attachés de tous nos cœurs.

« J'ai l'honneur d'estre très-parfaitement, Monsieur, vostre très-humble et très-obéyssant serviteur.

« LA M^le DU BOURG   LE M^al DU BOURG. »

IV

GRACE aux soins affectueux dont il fut entouré, Maugue vécut encore de longues années, partageant son temps entre ses deux résidences de Clermont et de St-Amant (1), qu'il ne quittait que pour de courtes visites à sa terre d'Ennezat.

---

(1) Ainsi qu'on le verra plus loin, la propriété de B. Maugue, à Saint-Amant, appartient aujourd'hui à un descendant de Benoît Duvernin, M. Edmond Vimal de Fléchat. Ce dernier a bien voulu me communiquer la lettre suivante que Massillon, adressa, en 1739, à Maugue, au sujet de la construction d'une chapelle particulière :

« 7 avril 1739

« Je voudrois bien, Monsieur, vous donner des preuves plus effectives de mon attachement respectueux et de ma reconnoissance pour vous que la permission que vous souhaitez de construire une chapelle domestique dans votre maison de Saint-Amant. Faites-la construire quant il vous plaira et vous en jouirez long-temps si mes souhaits sont aussi efficaces pour la durée de vos jours que ma permission va l'être pour la construction de votre chapelle. A l'égard de la dotation je vous en laisse le maître absolu pendant votre vie. Il faut pourtant l'assurer pour être acquittée après votre mort par vos héritiers afin que la chapelle ne soit point interdite par mon successeur. On ne peut être avec un respect plus sincère que je le serai toujours,

« Monsieur,
« Votre très-humble et très-obéissant serviteur.

« † J. B. Evêque de Clermont. »

A propos de la propriété de Saint-Amant, il est également intéressant de noter que l'allée de marronniers, qui, de nos jours, en fait l'ornement, a été créée par B. Maugue, il y a près de cent cinquante ans.

En outre du Dr Massis, qui, pour ne point l'abandonner, s'était désisté de l'Inspection des hôpitaux
d'Alsace, et du Dr Benoît Duvernin, qui était également revenu en Auvergne, il avait auprès de lui son
neveu Jean Massis, ancien officier de la chancellerie
de la Cour des Aides de Clermont.

Jean Massis possédait une nombreuse famille, et
c'était un plaisir pour le vieux docteur que de guider
ses petits neveux dans leur vocation ou de les protéger
dans leur carrière.

Malheureusement ce bonheur n'était pas sans mé-
lange. En peu de temps Maugue perdit la plupart de
ses anciens chefs, de ses amis et de ses clients.

Resté ainsi l'un des derniers survivants de l'époque
glorieuse du grand règne, il voyait s'aggraver, chaque
jour, les fautes et les scandales du gouvernement de
Louis XV, et se développer, en même temps, la révolte
des esprits contre le principe d'autorité.

Le traité de Vienne vint toutefois faire diversion à
ces tristesses. La Lorraine était acquise à la France
et le roi Stanislas recevait la souveraineté viagère de
cette province, comme compensation de sa chevale-
resque et malheureuse campagne de Pologne.

Maugue, est-il besoin de le dire, éprouva une vive
satisfaction à la nouvelle de cet évènement. Mais, peu
après, il eut la douleur d'apprendre que le principal
négociateur du traité, le ministre Chauvelin, était sa-
crifié à la sénile jalousie du premier ministre.

Chauvelin fut envoyé en Auvergne, et, pendant son
exil à Issoire et à Riom, il reçut souvent, de vive voix

ou par écrit, les consolations de l'ancien Inspecteur des hôpitaux d'Alsace.

Ces relations n'étaient inspirées par aucune pensée politique. Ennemi de l'intrigue, Maugue avait pour principes de rester étranger aux brigues de cour et de ne point abandonner ses amis quand ils étaient frappés de disgrâce.

Au surplus, cette indépendance ne lui enleva ni la confiance des ministres qui firent encore appel à son expérience dans plusieurs circonstances (1), ni la faveur du Roi qui, par lettres patentes du 24 mars 1741, lui donna la noblesse personnelle (2).

Pendant huit ans, le vieux docteur put jouir de ce nouvel honneur qui récompensait dignement ses longs et utiles services. Ce ne fut, en effet, que le 31 mars 1749, à la veille d'atteindre sa 93e année, que Benoist Maugue rendit son âme à Dieu.

Jusqu'à la fin il avait conservé toute sa lucidité d'esprit. Son testament olographe, qui porte la date du 16 août 1745, et le codicille, qu'à son lit de mort il remit à son confesseur, sont d'une clarté et d'une précision remarquables.

---

(1) Lettres de d'Angervilliers et du comte d'Argenson, au sujet du service sanitaire de l'armée.

(1) Jusque là Maugue avait joui de la noblesse attachée à l'office de Conseiller-Secrétaire du Roi. Les lettres qu'il reçut en 1741 lui conférèrent gratuitement les priviléges de la noblesse ancienne. Elles étaient accompagnées d'un réglement d'armoiries par Louis-Pierre d'Hozier, juge d'armes de France. Les armes de Maugue, qui figurent au frontispice de cette notice, avaient d'ailleurs été enregistrées au titre de l'Alsace, en 1697, ainsi que le constate un brevet de Charles d'Hozier, garde de l'Armorial général de France.

Par ces actes, il nommait pour lui succéder dans ses biens Pierre et Jean Massis, ses neveux, à la condition pour l'un et l'autre de prendre son nom et ses armes et de les transmettre à leurs descendants (1).

A Benoît et à Toussaint Duvernin il laissait des legs importants.

---

(1) Pierre Maugue-Massis, seigneur d'Ennezat, mourut en 1757 et fut enterré dans l'église des Carmes de Clermont — actuellement paroisse de Saint-Genès — où l'on remarque sa pierre tombale (au milieu de la nef, près du chœur). Il désigna comme héritier son neveu François-Joseph Maugue-Massis, Conseiller à la Cour des Aides de Clermont. Son testament mentionne six frères ou sœurs de ce dernier : François, capitaine au régiment de Bresse-Infanterie ; Benoît, lieutenant au régiment de Cambise ; Jean (qui devint officier de cavalerie — voir les notes ci-après) ; Jeanne (également nommée plus loin); Pierre, chanoine régulier de Sainte-Geneviève; et Benoîte, religieuse au couvent de Sainte-Claire de Saint-Amant. Il rappelle aussi Toussaint Duvernin, docteur de Sorbonne, Prébendé de la cathédrale de Strasbourg, et Benoît Duvernin, docteur en médecine.

Le nom de Maugue-Massis d'Ennezat s'est éteint, en 1853, à la mort de Jean-Baptiste, dit de Sardon, ancien chevau-léger du Roi, ancien lieutenant-colonel de cavalerie, chevalier de Saint-Louis, fils de François-Joseph ci-dessus nommé et d'une Favard. La dernière survivante de la famille, Mme Fouet de Rouzière, fille du frère aîné de M. de Sardon, Pierre Maugue-Massis, seigneur d'Ennezat au moment de la Révolution, et de Marguerite Durant de Saint-Cirgues, est décédée, à Clermont, en 1874.

Toussaint Duvernin devint évêque d'Arath et administrateur du diocèse de Strasbourg ; il fut, en outre, abbé commendataire de l'abbaye de N.-D. de Clairefontaine (diocèse de Chartres), prévôt de Lautenbach, prieur de Chatenois et abbé de Neubourg. Son frère aîné, Benoît, dont les descendants n'ont cessé de tenir en Auvergne un rang distingué, a laissé le souvenir d'un homme très-instruit et très-désintéressé. Il fut un des plus zélés fondateurs de la *Société littéraire* établie à Clermont, en 1747, et reconstituée dans la même ville, en 1824-29, sous le nom d'*Académie des Sciences, Belles-Lettres et Arts*. Dans la séance publique tenue par cette Société, le 25 août 1776, il prononça l'éloge de Benoist Maugue, son grand-oncle.

Un autre petit-neveu de Maugue, Benoît Domat, descendant du célèbre jurisconsulte, se voyait attribuer un capital de dix mille livres payable lorsqu'il aurait atteint sa vingt-deuxième année et, en attendant, une rente de 500 livres destinée à « le mettre en estat de ne pas dégénérer du mérite et de la réputation de son bis-ayeul. »

Les pauvres et les établissements religieux et hospitaliers étaient non moins généreusement traités.

Maugue récompensait, en même temps, la fidélité et le dévouement de ses serviteurs, dont plusieurs, originaires d'Alsace, l'avaient spontanément accompagné en Auvergne.

Enfin, après avoir assuré à perpétuité le paiement d'une pension qu'il avait instituée précédemment en faveur de deux apprentis de Saint-Amant (1), il ajoutait la disposition que voici :

« Pour laisser à perpétuité un monument de ma reconnoissance pour les honneurs dont le Roy m'a décoré et des gratifications que Sa Majesté a bien voulu m'accorder en considération de mes services, au

---

(1) La population de Saint-Amant bénéficie toujours de cette libéralité. Lorsque, en 1789, Jean Maugue-Massis, ancien garde-du-corps, capitaine de cavalerie, chevalier de Saint-Louis, et Jeanne Maugue-Massis, sa sœur, vendirent à leur parent Pierre Duvernin, fils de Benoît, la propriété de Maugue, à Saint-Amant, il fut convenu que la pension des deux apprentis serait à la charge de l'acquéreur et de sa postérité. M. Edmond Vimal de Fléchat, qui acquitte actuellement cette pension, est, en raison des alliances de sa famille avec les Duvernin et les Charrier de Fléchat, le descendant, à deux titres différents, d'une sœur de Benoist Maugue.

moyen desquelles j'ay esté en estat de vivre commo-
dément en attendant la fin de mes jours, j'ordonne que
mes héritiers placent, dans ma chapelle de la paroisse
de Saint-Amant, où je veux être inhumé, une des épi-
taphes cy-jointes, ouvrage d'un amy, et mes armes au-
dessus. »

Maugue était décédé à Clermont ; conformément à
ses dernières volontés, sa dépouille mortelle fut inhu-
mée dans l'église paroissiale de Saint-Amant. Mais elle
ne devait pas y reposer longtemps en paix.

Pendant la Révolution, des mains criminelles bri-
sèrent la plaque de marbre noir sur laquelle était gra-
vée l'épitaphe. Plus tard, quand le culte fut rétabli, les
travaux que nécessita l'ouverture d'une porte, firent
disparaître le tombeau de Maugue sous un escalier de
pierre. Enfin, dans ces dernières années, la paroisse de
Saint-Amant ayant érigé un nouveau sanctuaire sur
un autre emplacement, l'ancienne église fut vendue à
M. le comte de La Tourfondue qui n'en a conservé que
le chœur, comme chapelle de sa très-remarquable mai-
son-forte de Murol.

A la suite de cette vente, les restes de Maugue ont
été transférés, par les soins d'un descendant de Benoît
Duvernin, M. Edmond Vimal de Fléchat, dans le ca-
veau que ce dernier possède au nouveau cimetière de
Saint-Amant. Quant aux débris de la plaque qui recou-
vrait le tombeau, ils furent recueillis en 1793, par la
famille Duvernin, et ils sont actuellement conservés
par M. Vimal de Fléchat. Cette pieuse attention per-

met de rétablir de la façon suivante la plus grande
partie de l'épitaphe :

HIC JACET

CUJUS ART... INNUM... ...RI TARDIUS JACUERE,

BENEDICTUS MAUGUE

REGIORUM IN ALSACIA NOSOCOMIORUM INS-
PECTOR GENERALIS, NOBILITATIS GRADU A
REGE CHRISTIANISSIMO DECORATUS, EQUES
AURATUS ORDINIS SANCTI MICHAELIS, VIR-
TUTIBUS ET LABORIBUS CONSPICUUS, OMNIBUS
CHARUS ET ACCEPTUS, MAGNATIBUSQUE
PRÆSERTIM GRATISSIMUS. REGIO UNICO STIPEN-
DIO CONTENTUS, PER ANNOS XLVII. MEDIC. . .
HUMANITATER ERGA OMNES EXERC. . . . .
QUIBUS CUMQUE EORUM. . . . .

. . . .

Il serait superflu de rien ajouter à cette inscriptiou
qui, tout incomplète qu'elle est, résume parfaitement la biographie de Benoist Maugue.

CLERMONT, IMPRIMERIE MALLEVAL.

33

www.ingramcontent.com/pod-product-compliance
Lightning Source LLC
LaVergne TN
LVHW022039080426
835513LV00009B/1141